skoro - школа	2
koiri - подорож	5
transport - транспорт	8
foto - місто	10
landschap - ландшафт	14
restaurant - ресторан	17
wenkri - супермаркет	20
dringi - напої	22
nyan - їжа	23
burugron - ферма	27
oso - дім	31
foroisi - вітальня	33
botrali - кухня	35
was oso - ванна кімната	38
pikin kamra - дитяча кімната	42
krosi - одяг	44
kantoro - офіс	49
ekonomia - економіка	51
kari - професії	53
wrokosani - інструменти	56
poku sani - музичні інструменти	57
meti dyari - зоопарк	59
sport - спорт	62
aktifiteit - дії	63
famiri - сім'я	67
skin - тіло	68
ati oso - лікарня	72
nowtu - аварійний випадок	76
grontapu - Земля	77
oloisi - годинник	79
wiki - тиждень	80
yari - рік	81
form - форми	83
kloru - фарби	84
difrenti - протилежності	85
nomru - числа	88
den tongo - мови	90
suma / sang / fa - хто / що / як	91
pe - де	92

Impressum
Verlag: BABADADA GmbH, Nedderfeld 112 , 22529 Hamburg
Geschäftsführer / Verlagsleitung: Harald Hof
Druck: Books on Demand GmbH, In de Tarpen 42, 22848 Norderstedt

Imprint
Publisher: BABADADA GmbH, Nedderfeld 112 , 22529 Hamburg, Germany
Managing Director / Publishing direction: Harald Hof
Print: Books on Demand GmbH, In de Tarpen 42, 22848 Norderstedt, Germany

skoro
школа

- prati — ділити
- klas — класна кімната
- bord — дошка
- skoro dyari — шкільний двір
- leriman — вчитель
- papira — папір
- skrifi — писати
- pen — ручка
- tafra — письмовий стіл
- lati — лінійка
- buku — книга
- studenti — учень

skorotas — ранець

kisi — пенал

skriftiki — олівець

srapu — точило

sisibi — гумка

prenki buku — альбом для малювання

prenki
малюнок

kwasi
пензель

ferfidosu
коробка фарб

sisei
ножиці

gomma
клей

skrifbuku
зошит

skorowroko
домашнє завдання

nomru
число

2+2
teri
додавати

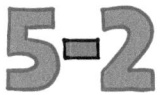
koti
віднімати

vermenigvuldig
множити

teri
рахувати

brifi
літера

alfabet
абетка

wortu
слово

skoro - школа

awortu

текст

lesi

читати

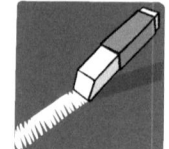

kreiti

крейда

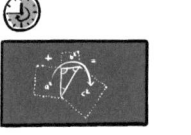

yuru

година

klasbuku

класний журнал

examen

екзамен

skoropapira

диплом

sem skoro krosi

шкільна форма

skoro

освіта

encyklopedie

лексикон

unifersiteit

університет

mikroskoop

мікроскоп

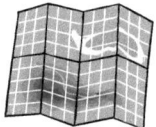

karta

карта

doti embre

кошик для паперу

skoro - школа

koiri
подорож

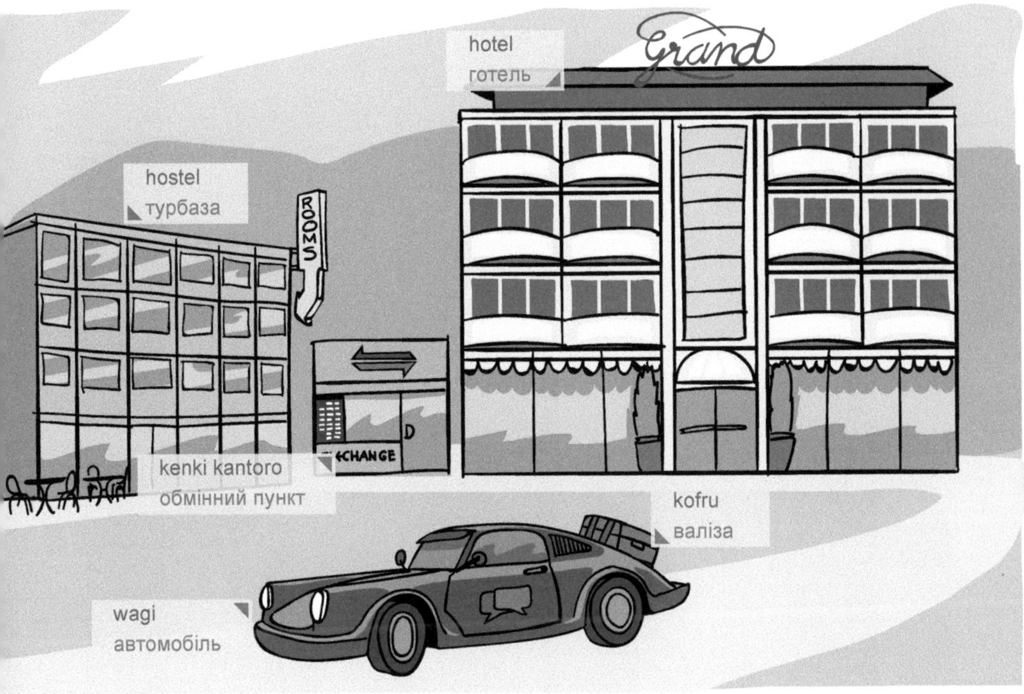

hotel
готель
Grand
hostel
турбаза
ROOMS
EXCHANGE
D
kenki kantoro
обмінний пункт
kofru
валіза
wagi
автомобіль

tongo
мова

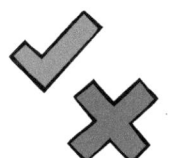

ai / no
так / ні

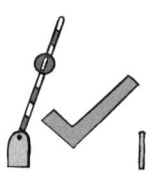

afen
добре

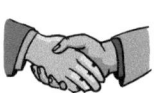

Ei!
привіт

torku
перекладач

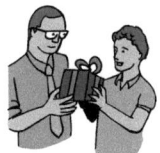

Grantangi
дякую

O meni...?

Скільки коштує ...?

Mi ne ferstan

Я не розумію

problema

проблема

Kuneti!

Добрий вечір!

Morgu!

Доброго ранку!

Kuneti!

На добраніч!

Adyosi!

До побачення

beni

напрямок

bagasi

багаж

tas

сумка

tas

рюкзак

fisiti

гість

kamra

кімната

sribi saka

спальний мішок

tenti

намет

koiri - подорож

reiskantoro
туристична інформація

sekanti
пляж

kreditkarta
кредитна картка

mamanten nyanyan
сніданок

nyanyan
обід

nyanyan
вечеря

karta
квиток

lift
ліфт

stampu
поштова марка

lanki
межа

douane
митниця

ambassade
посольство

fisa
віза

pasportu
паспорт

koiri - подорож

transport
транспорт

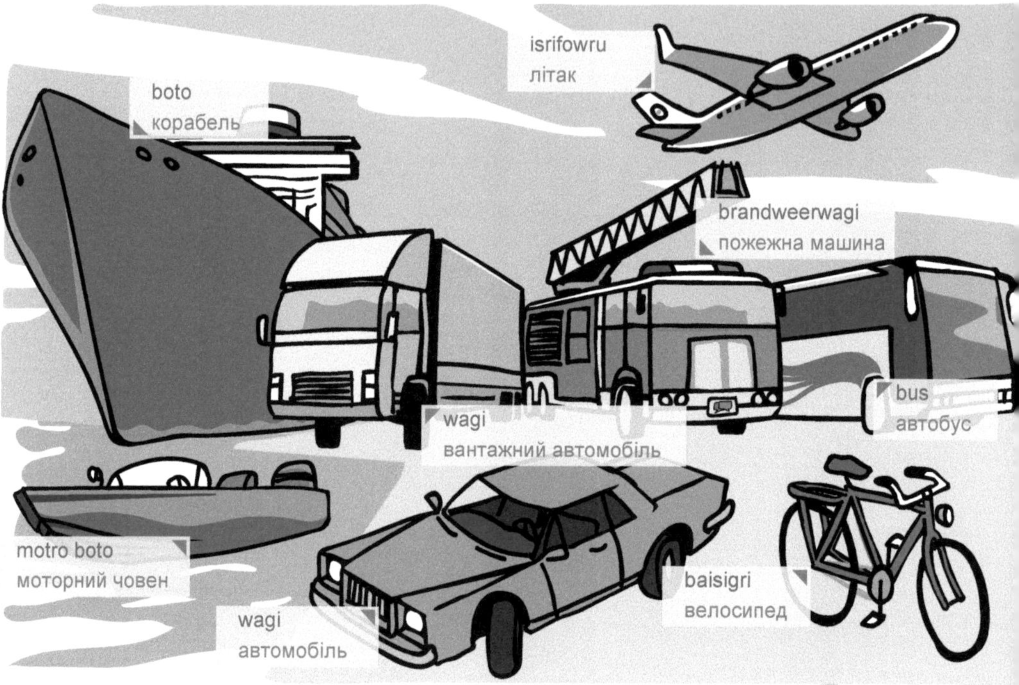

isrifowru
літак

boto
корабель

brandweerwagi
пожежна машина

wagi
вантажний автомобіль

bus
автобус

motro boto
моторний човен

baisigri
велосипед

wagi
автомобіль

pondo
пором

boto
човен

motro
мотоцикл

skowtu wagi
поліцейська машина

streilon wagi
гоночний автомобіль

yuru wagi
автомобіль на прокат

wagi prati
спільне користування авто

takelwagi
евакуатор

doti wagi
сміттєвоз

motro
двигун

oli
паливо

oli pompu
автозаправна станція

ferkeermarki
дорожній знак

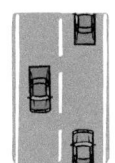

ferkeer
рух

reylo
затор

parkeerpresi
стоянка

lokopresi
вокзал

rail
рейки

loko
потяг

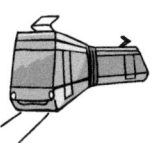

loko
трамвай

wagi
вагон

transport - транспорт

helikopter

гелікоптер

opolangi

аеропорт

fortresi

вежа

pasasir

пасажир

kontainer

контейнер

doso

коробка

wagi

візок

baskita

кошик

opo go / saka

стартувати / приземлятися

foto
місто

dorpu

село

fotosei

центр міста

oso

дім

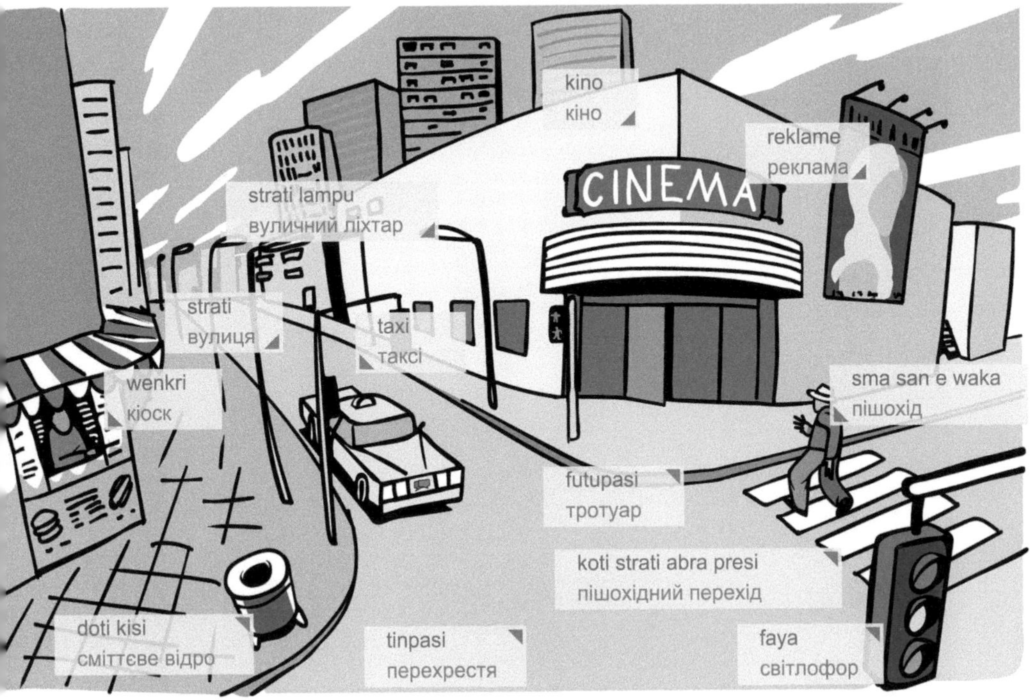

kino
кіно

reklame
реклама

strati lampu
вуличний ліхтар

strati
вулиця

taxi
таксі

wenkri
кіоск

sma san e waka
пішохід

futupasi
тротуар

koti strati abra presi
пішохідний перехід

doti kisi
сміттєве відро

tinpasi
перехрестя

faya
світлофор

kampu
хатина

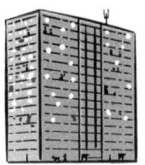

oso
квартира

lokopresi
вокзал

foto oso
ратуша

museum
музей

skoro
школа

foto - місто

unifersiteit

університет

bangi

банк

ati oso

лікарня

hotel

готель

apteiki

аптека

kantoro

офіс

buku winkri

книжковий магазин

wenkri

магазин

bromki winkri

квітковий магазин

wenkri

супермаркет

wowoyo

ринок

wowoyo

універмаг

fisi seri man

торговець рибою

bigi wenkri

торговельний центр

lanpresi

гавань

park

парк

bangi

лава

broki

міст

trapu

сходи

fatyawagi

метро

ondrogron-strati

тунель

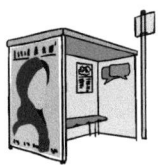

bushalte

автобусна зупинка

bar

бар

restaurant

ресторан

brifibus

поштова скринька

strati nen marki

вулична табличка

parkeer marki

лічильник паркування

meti dyari

зоопарк

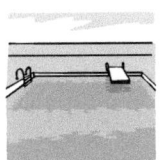

swen presi

басейн

gado-oso

мечеть

burugron
ферма

doti sani
забруднення навколишнього середовища

berpe
кладовище

kerki
церква

prei presi
дитячий майданчик

gado-oso
храм

landschap
ландшафт

- wiwiri — листок
- pasi marki — вказівний стовп
- pasi — шлях
- wei — луг
- ston — камінь
- bon — дерево
- koiri sma — мандрівник
- libi — річка
- grasi — трава
- bromki — квітка

lagi presi
долина

lebriki
гора

fisi-olo
озеро

busi
ліс

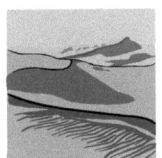

dreisabana
пустеля

bergi
вулкан

ridder-oso
замок

alenbo
веселка

todoprasoro
гриб

palmbon
пальма

maskita
комар

freifrei
муха

mira
мурашка

waswasi
бджола

anansi
павук

landschap - ландшафт

asege
жук

todo
жаба

bonboni
вивірка

agidya
їжак

kon koni
заєць

owru kuku
сова

fowru
птах

gansi
лебідь

werder agu
кабан

dia
олень

dia
лось

dan
гребля

winti miri
вітряк

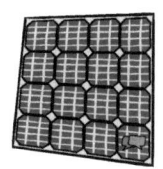
son planga
сонячний модуль

weer
клімат

16 landschap - ландшафт

restaurant
ресторан

diniman — офіціант
nyankarta — меню
sturu — стілець
supu — суп
pissa — піца
nefi nanga forku — столові прилади
tafra duku — скатертина

fesi nyanyan
закуска

moro prenspari sortu nyan
друга страва

switi sani
десерт

dringi
напої

nyan
їжа

batra
пляшка

fastfood
фаст-фуд

strati nyanyan
вулична їжа

tépatu
чайник

sukru patu
цукорниця

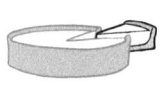
krab'patu
порція

espressomasyin
еспресо-машина

pikin sturu
високий стільчик

borgu
рахунок

brakri
піднос

nefi
ніж

forku
вилка

spun
ложка

téspun
чайна ложка

servet
серветка

grasi
склянка

restaurant - ресторан

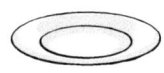

preti
тарілка

supu preti
тарілка для супу

skotriki
блюдце

sowsu
соус

sowtupatu
солонка

pepre miri
млин для перцю

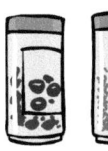

asin
оцет

oli
масло

specerij
спеції

ketchup
кетчуп

mosterd
гірчиця

mayonaise
майонез

restaurant - ресторан

wenkri

супермаркет

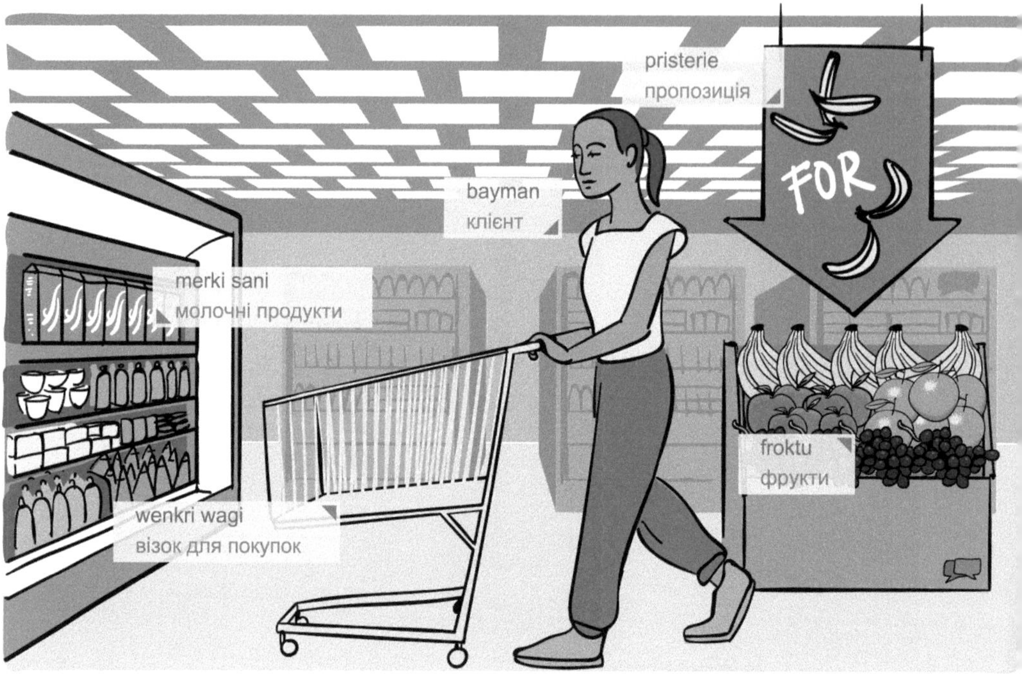

pristerie
пропозиція
FOR
bayman
клієнт
merki sani
молочні продукти
froktu
фрукти
wenkri wagi
візок для покупок

BUTCHERS

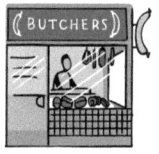

srakti-oso

м'ясний магазин

BAKERY

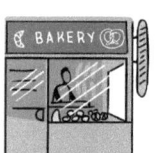

bakri-oso

пекарня

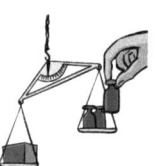

wegi

зважувати

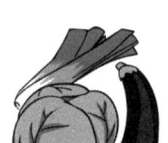

gruntu

овочі

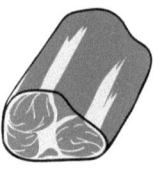

meti

м'ясо

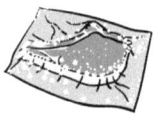

dijskasi sani

заморожені продукти

kowru meti
ковбасна нарізка

blik nyan
консерви

wasi sani
пральний порошок

switi sani
солодощі

oso sani
предмети домашнього побуту

sani fu krin
мийний засіб

seri sma
продавщиця

kas
каса

kasman
касир

bai marki
список покупок

opo yuru
часи роботи

portmoni
гаманець

kreditkarta
кредитна картка

tas
сумка

plastik saka
поліетиленовий пакет

wenkri - супермаркет

dringi
напої

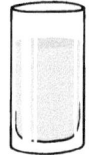

watra

вода

sap

сік

merki

молоко

kola

кола

win

вино

biri

пиво

sopi

алкоголь

skrati

какао

té

чай

kofi

кава

espresso

еспресо

kappuccino

капучіно

nyan
їжа

bakba
банан

apra
яблуко

apresina
апельсин

watramun
кавун

sitrun
лимон

rutu
морква

konofroku
часник

bambu
бамбук

aiun
цибуля

todoprasoro
гриб

noto
горішки

pasta
локшина

spaghetti
спагеті

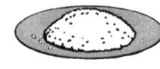
alesi
рис

salade
салат

patata
картопля фрі

baka patata
смажена картопля

pissa
піца

burger
гамбургер

brede
бутерброд

schnitsel
шніцель

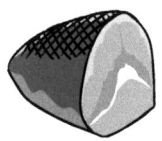
ameti
шинка

salami
салямі

worst
ковбаса

kafowru
курка

bakadina
печеня

fisi
риба

hafermout

вівсяні пластівці

muesli

мюслі

karuflakes

кукурудзяні пластівці

blon lolo

борошно

croissant

круасан

brede

булочка

brede

хліб

baka brede

тостовий хліб

buskutu

печиво

botro

масло

kwark

сир

kuku

пиріг

eksi

яйце

baka eksi

яєчня

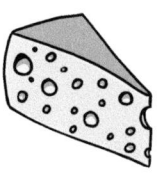

kasi

сир

ice-cream
морозиво

sukru
цукор

oni
мед

jam
мармелад

sukruskrati pasta
нуга-крем

kerrie
карі

nyan - їжа

burugron
ферма

wroko gron presi — сільський будинок
maksin — комора
grasi bergi — солом'яні тюки
gron — поле
asi — кінь
aanhangwagi — причіп
pikin asi — лоша
traktor — трактор
buriki — віслюк
pikin skapu — ягня
skapu — вівця

krabita

коза

kaw

корова

pikin kaw

теля

agu

свиня

pikin agu

порося

burkaw

бик

gansi

гусак

doksi

качка

pikin fowru

курча

fowru

курка

kakafowru

півень

alata

щур

puspusi

кіт

moismoisi

миша

burkaw

віл

dagu

собака

dagu pen

собача будка

tuinslang

садовий шланг

watra kan

лійка

nefi

коса

pluga

плуг

babun-nefi

серп

tyapu

мотика

forku

вила

beyri

сокира

kroiwagi

тачка

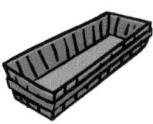

baki

корито

merki kan

бідон молока

saka

мішок

skotu

паркан

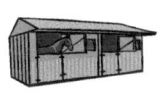

pen

хлів

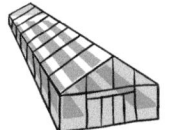

grun kasi

теплиця

gron

ґрунт

siri

насіння

doti

добриво

maaidorser

комбайн

burugron - ферма

koti
пожинати

nyanyan
урожай

yami
корінь ямсу

aleisi
пшениця

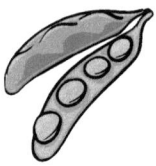
soja
соя

patata
картопля

karu
кукурудза

koro siri
ріпак

froktu bon
плодове дерево

kasaba
маніок

siri
злаки

burugron - ферма

oso
дім

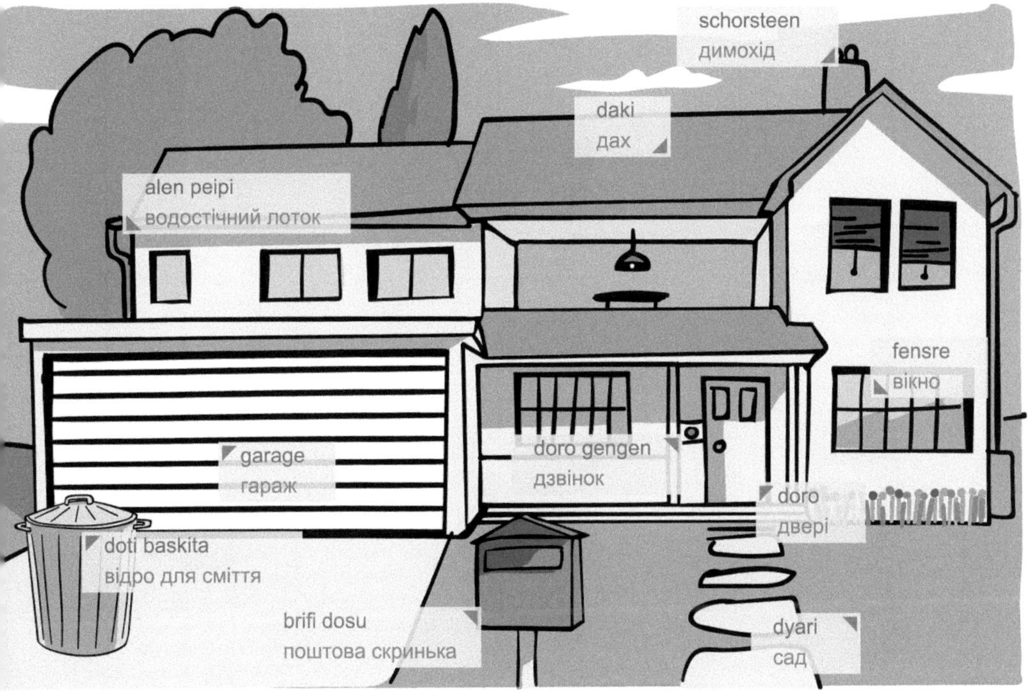

- schorsteen / димохід
- daki / дах
- alen peipi / водостічний лоток
- fensre / вікно
- garage / гараж
- doro gengen / дзвінок
- doro / двері
- doti baskita / відро для сміття
- brifi dosu / поштова скринька
- dyari / сад

foroisi
вітальня

was oso
ванна кімната

botrali
кухня

sribikamra
спальня

pikin kamra
дитяча кімната

nyanyan kamra
їдальня

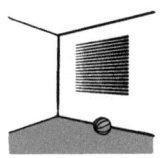
gron
підлога

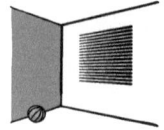
skotu
стіна

plafon
стеля

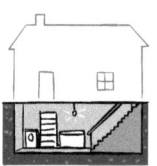
kedre
підвал

sauna
сауна

barkon
балкон

terras
тераса

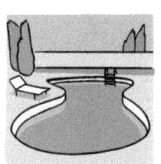
swen presi
басейн

waimasyin
косарка

sribikrosi
простирало

sribikrosi
ковдра

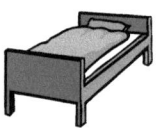
bedi
ліжко

sisibi
мітла

embre
відро

san fu leti faya
перемикач

foroisi
вітальня

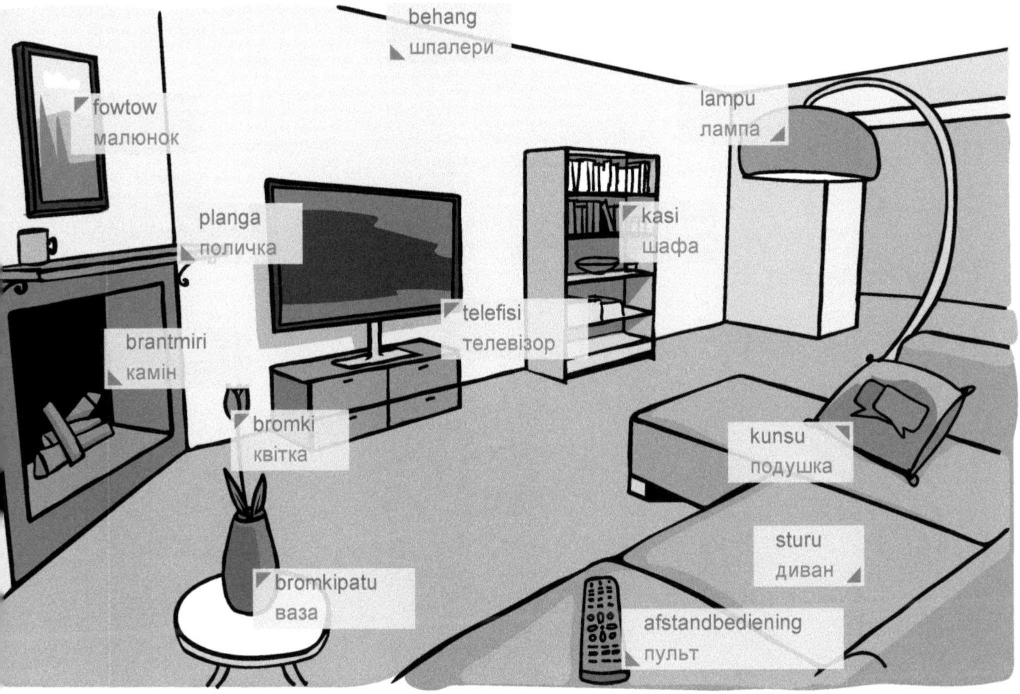

behang / шпалери
fowtow / малюнок
lampu / лампа
planga / поличка
kasi / шафа
brantmiri / камін
telefisi / телевізор
bromki / квітка
kunsu / подушка
sturu / диван
bromkipatu / ваза
afstandbediening / пульт

matamata
килим

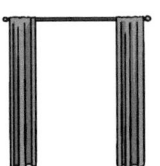

garden
завіса

tafra
стіл

sturu
стілець

boboisturu
крісло-гойдалка

sturu
крісло

buku
книга

tapun
ковдра

pranpran
прикраса

udu
дрова

kino
фільм

stereo- installatie
стереосистема

sroto
ключ

koranti
газета

skedrei
картина

poster
плакат

konkrudosu
радіо

skrifi buku
блокнот

stofsuiger
пилосос

kaktus
кактус

kandra
свічка

foroisi - вітальня

botrali
кухня

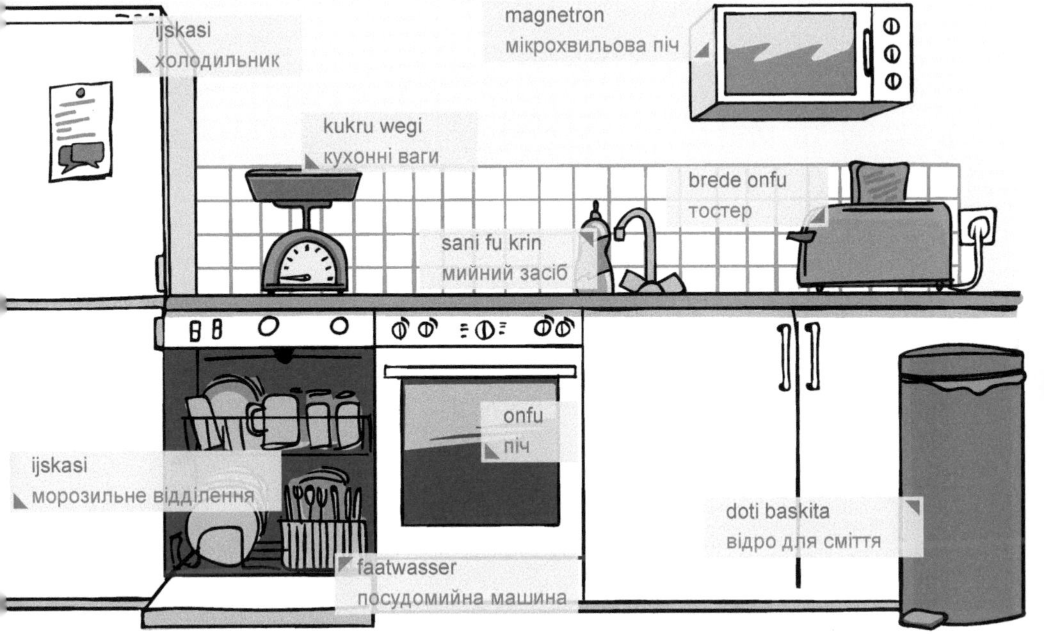

ijskasi
холодильник

magnetron
мікрохвильова піч

kukru wegi
кухонні ваги

brede onfu
тостер

sani fu krin
мийний засіб

onfu
піч

ijskasi
морозильне відділення

doti baskita
відро для сміття

faatwasser
посудомийна машина

onfu
плита

patu
горщик

isri patu
чавунний горщик

wok / kadai
вок / кадай

pan
сковорода

ketre
чайник

dampupatu

пароварка

baka preti

лист

tafra-sani

посуд

kan

кухоль

koba

чаша

nyantiki

палички для їжі

supu spun

черпак

spatel

лопатка

klutser

вінчик для збивання

fergiet

сито

dorodoro

сито

gritigriti

терка

mortier

ступка

barbakoto

барбекю

faya presi

багаття

botrali - кухня

koti planga
дошка

blon lolo
качалка

korkutreki
штопор

tromu
конзерва

knefi fu opo blik
відкривачка

patu duku
прихватки

wasibaki
раковина

bosro
щітка

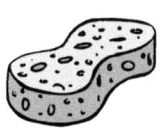

sponsu
губка

blender
міксер

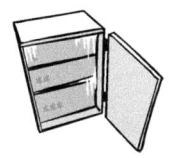

ijskasi
морозильна камера

beibi batra
дитяча пляшка

kran
кран

botrali - кухня

was oso
ванна кімната

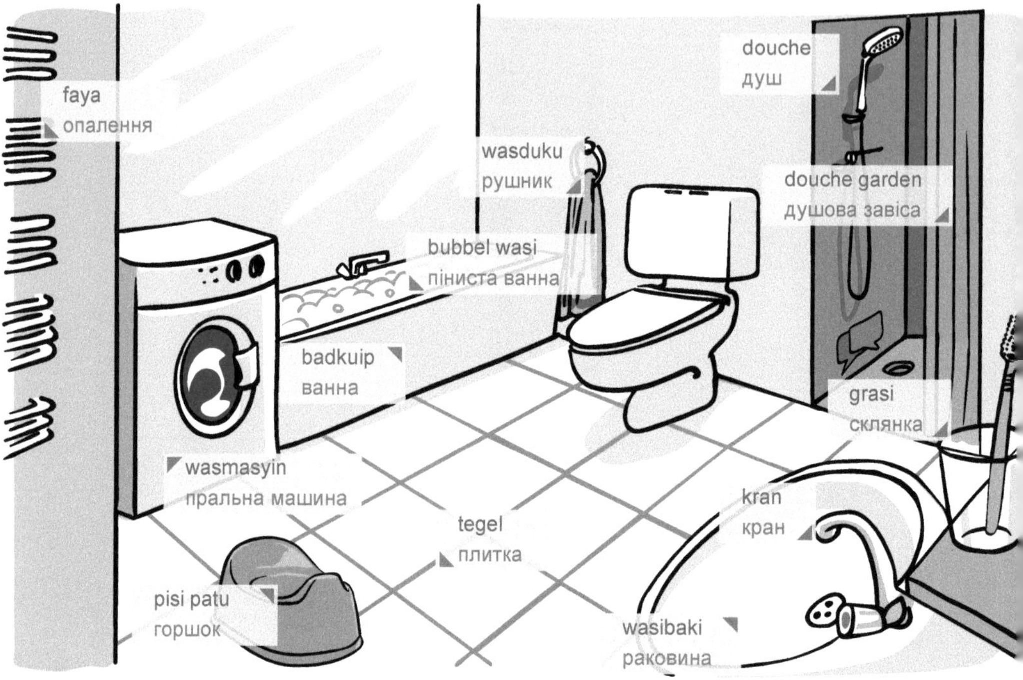

faya — опалення
wasduku — рушник
douche — душ
bubbel wasi — пініста ванна
douche garden — душова завіса
badkuip — ванна
grasi — склянка
wasmasyin — пральна машина
tegel — плитка
kran — кран
pisi patu — горшок
wasibaki — раковина

kumakoisi

туалет

kumakoisi

підлоговий туалет

bidet

біде

pisi presi

пісуар

kumakoisi papira

туалетний папір

kumakoisi bosro

щітка для туалету

tifi bosro

зубна щітка

tandpasta

зубна паста

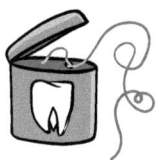

floss

нитка для чищення зубів

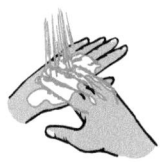

wasi

мити

douche

ручний душ

kumakoisi douche

інтимний душ

was koba

таз

baka bosro

щітка для спини

sopo

мило

douchegel

гель для душу

sopo

шампунь

was krosi

мочалка

afvoer

водостік

krème

крем

okselstik

дезодорант

was oso - ванна кімната

spikri

дзеркало

moimoi fu fesi spikri

косметичне дзеркало

sebinefi

бритва

sebiskuma

піна для гоління

aftershave

лосьйон після гоління

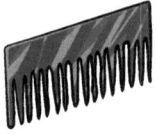

kankan

гребінь

bosro

щітка

wiri drei masyin

фен

wirispray

лак для волосся

moimoi fu fesi

косметика

lippenstift

губна помада

nangra ferfi

лак для нігтів

katun

вата

nangra sey

ножиці для нігтів

switi smeri

парфум

was oso - ванна кімната

tas gi krin sani

косметичка

kroku

табурет

wegi

ваги

was dyaki

халат

handschoen fu krin

гумові рукавички

tampon

тампон

munduku

гігієнічні прокладки

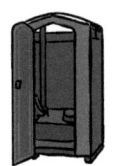

kumakoisi

біотуалет

pikin kamra

дитяча кімната

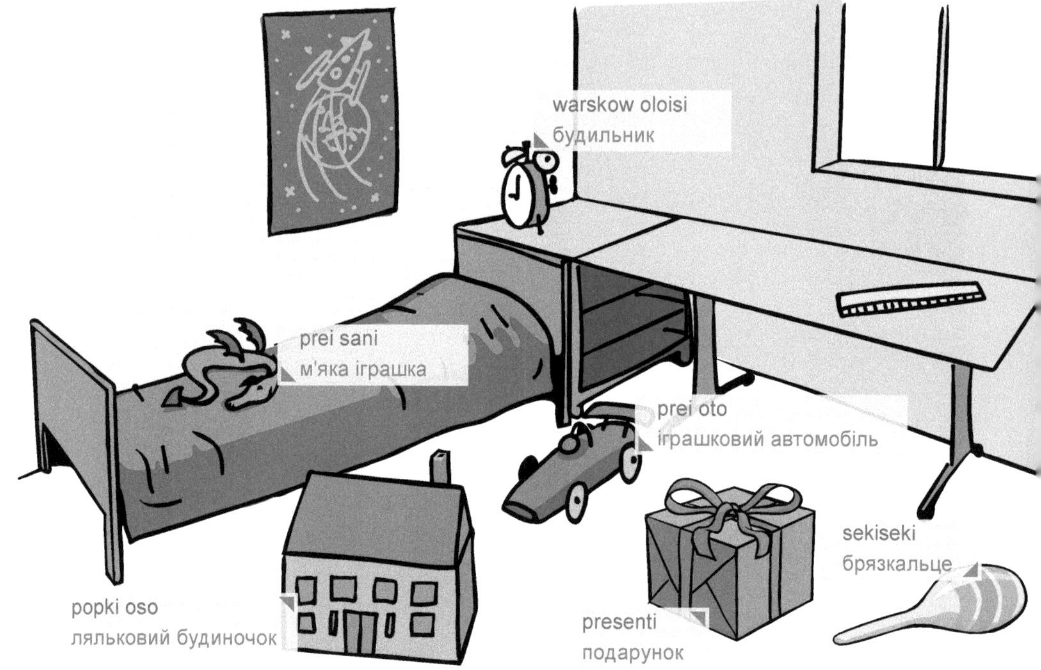

warskow oloisi
будильник
prei sani
м'яка іграшка
prei oto
іграшковий автомобіль
sekiseki
брязкальце
popki oso
ляльковий будиночок
presenti
подарунок

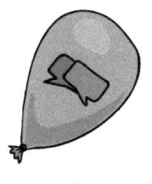

ballon

повітряна кулька

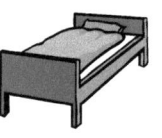

bedi

ліжко

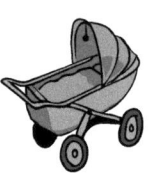

beibiwagi

дитячий візок

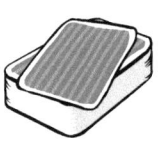

paki karta

картярська гра

laytori

пазл

SUPER MEGA

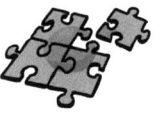

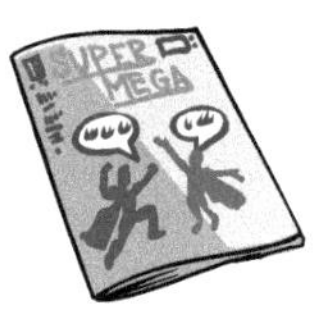

strip torie

комікс

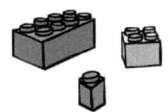
lego ston
лего цеглинки

prei sani
блоки

aktiefiguurtje
іграшкова фігурка

beibikrosi
повзунки

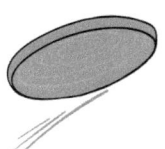
frisbee
фризбі

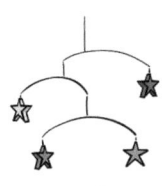
mobile
мобіле

prei tapu bord
настільна гра

prei ston
кубик

prei sani loko
модель залізнична станція

bobimofo
соска

fesa
вечірка

prenki buku
книжка з картинками

bal
м'яч

popki
лялька

prei
грати

pikin kamra - дитяча кімната

santi baki
пісочниця

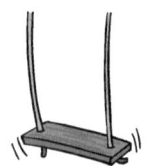
boboisturu
гойдалка

preisani
іграшка

prei komputer
гральна консоль

baysigri
триколісний велосипед

prei sani
плюшевий мішка

krosi kasi
шафа

krosi
одяг

kowsu
шкарпетки

kowsu
панчохи

kowsu
колготки

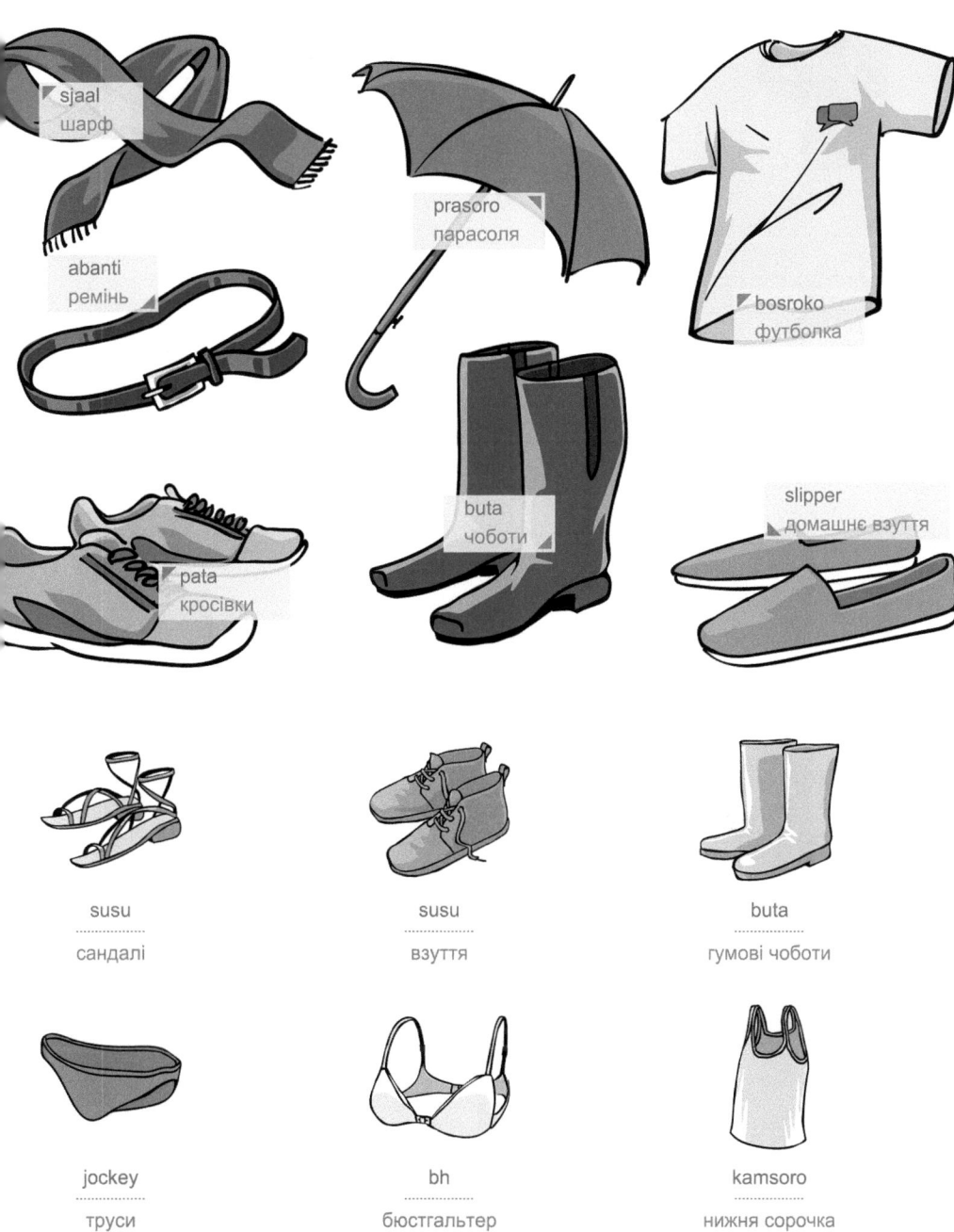

skin
боді

bruku
штани

jeansbruku
джинси

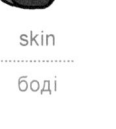

koto
спідниця

blus
блузка

empi
сорочка

empi
пуловер

dyaki
светр

djakti
піджак

dyakti
куртка

alendyakti
пальто

alendyakti
дощовик

paki
костюм

yapon
сукня

trowyapon
весільна сукня

paki
костюм

sribikrosi
нічна сорочка

sribikrosi
піжама

sari
сарі

angisa
головна хустка

tulband
чалма

burka
бурка

kaftan
кафтан

abaya
абая

swenkrosi
купальник

swenbruku
плавки

syatu bruku
шорти

training paki
тренувальний костюм

feskoki
фартух

handschoen
рукавички

knopo
гудзик

aygrasi
окуляри

anubuy
браслет

keti
ланцюг

linga
кільце

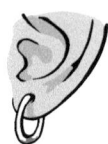
yesilinga
сережка

ati
шапка

krosi anga
плічка

ati
капелюх

tay
краватка

rits
застібка-блискавка

feti musu
шолом

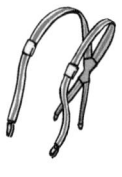
bretel
підтяжки

sem skoro krosi
шкільна форма

sem krosi
уніформа

slabbetje
нагрудник

bobimofo
соска

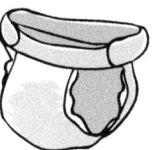
pisiduku
підгузок

kantoro
офіс

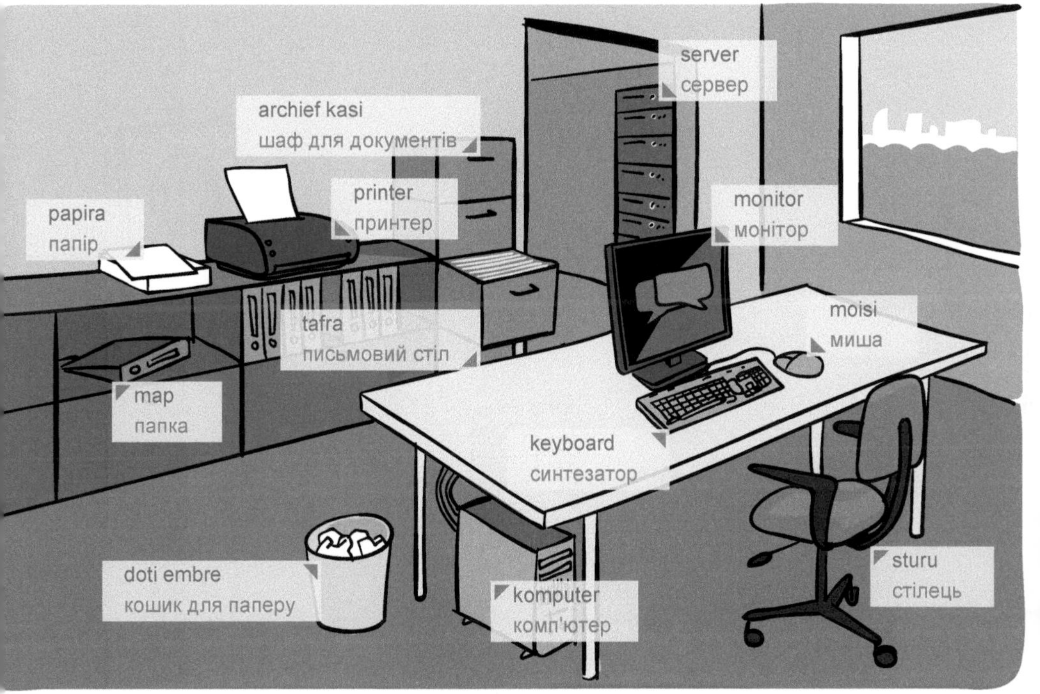

- archief kasi — шаф для документів
- printer — принтер
- server — сервер
- monitor — монітор
- papira — папір
- tafra — письмовий стіл
- moisi — миша
- map — папка
- keyboard — синтезатор
- sturu — стілець
- doti embre — кошик для паперу
- komputer — комп'ютер

kofi kan
кавовий кухоль

kalkulator
калькулятор

internet
інтернет

laptop
....
ноутбук

brifi
....
лист

boskopu
....
повідомлення

konkrutitei
....
мобільний телефон

neti
....
мережа

kopi masyin
....
копіювальний пристрій

software
....
програмне забезпечення

konkrutitei
....
телефон

stopkontakt
....
розетка

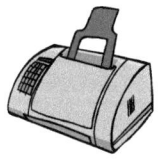

fax masyin
....
факс

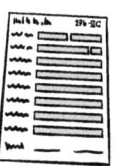

formulier
....
бланк

papira
....
документ

ekonomia
економіка

bai
купувати

pai
платити

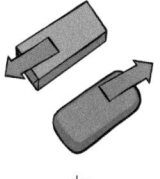

du
торгувати

moni
гроші

dollar
долар

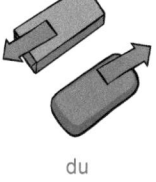

euro
євро

yen
ієна

rubel
рубль

frank
франк

renminbi yuan
юанів женьміньбі

rupie
рупія

monimasyin
банкомат

kenki kantoro

обмінний пункт

gowtu

золото

solfru

срібло

oli

нафта

krakti

енергія

prijs

ціна

kontrakti

контракт

lantimoni

податок

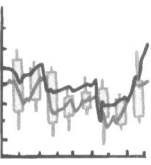

pisi

акція

wroko

працювати

wrokoman

працівник

wrokobasi

роботодавець

fabrik

фабрика

wenkri

магазин

ekonomia - економіка

kari
професії

skowtu — поліцейський
brandweerman — пожежник
boriman — повар
datra — лікар
piloot — пілот

djariman

садівник

temreman

столяр

modist

швачка

krutubasi

суддя

scheikunde sma

хімік

akteur

актор

sjafeur
водій автобуса

taximan
таксист

fisiman
рибалка

krinsma
прибиральниця

dakitapu man
покрівельник

diniman
офіціант

ontiman
мисливець

ferfiman
художник

bakriman
пекар

elektrikman
електрик

bow-wroko man
будівельник

ensjinoru
інженер

sraktiman
забійник

loodgieter
бляхар

postbode
листоноша

srudati
солдат

architekt
архітектор

kasman
касир

bromkisma
флорист

seti sma wiri man
перукар

kondukteur
кондуктор

monteur
механік

kapten
капітан

tifidatra
дантист

sabiman
вчений

Dyu domri
рабин

Moslim domri
імам

moniki
монах

priester
пастор

kari - професії

wrokosani
інструменти

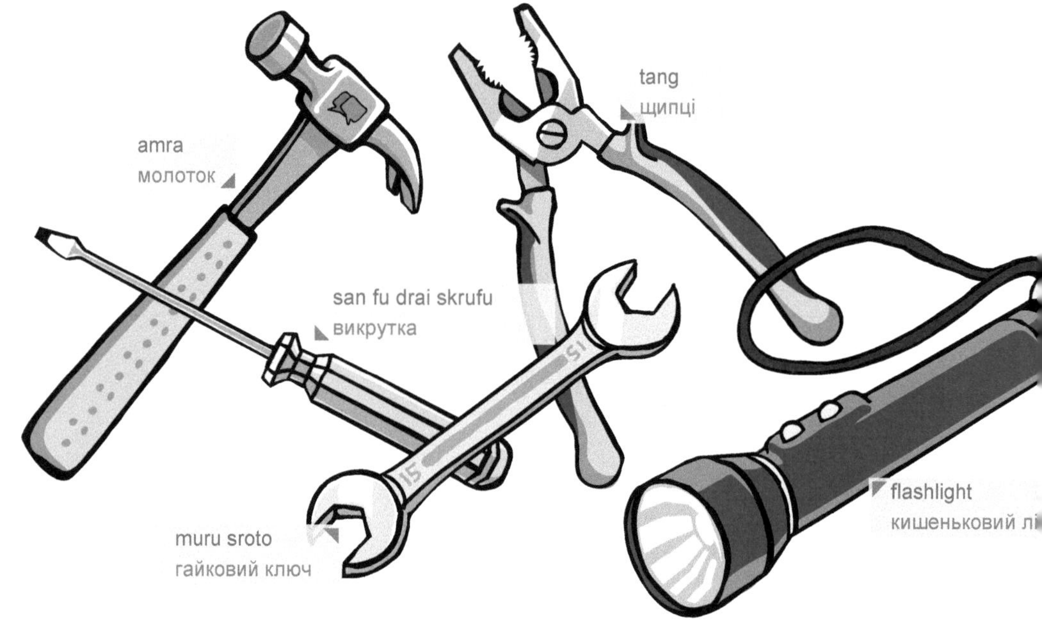

amra
молоток

tang
щипці

san fu drai skrufu
викрутка

flashlight
кишеньковий лі

muru sroto
гайковий ключ

dikimasyin
екскаватор

wrokosani kisi
ящик для інструментів

trapu
драбина

sa
пилка

spikri
цвяхи

boro
свердло

meki
ремонтувати

skepi
лопата

Baya!
лайно!

stofblik
совок

ferfi patu
відро з фарбою

skrufu
гвинти

poku sani
музичні інструменти

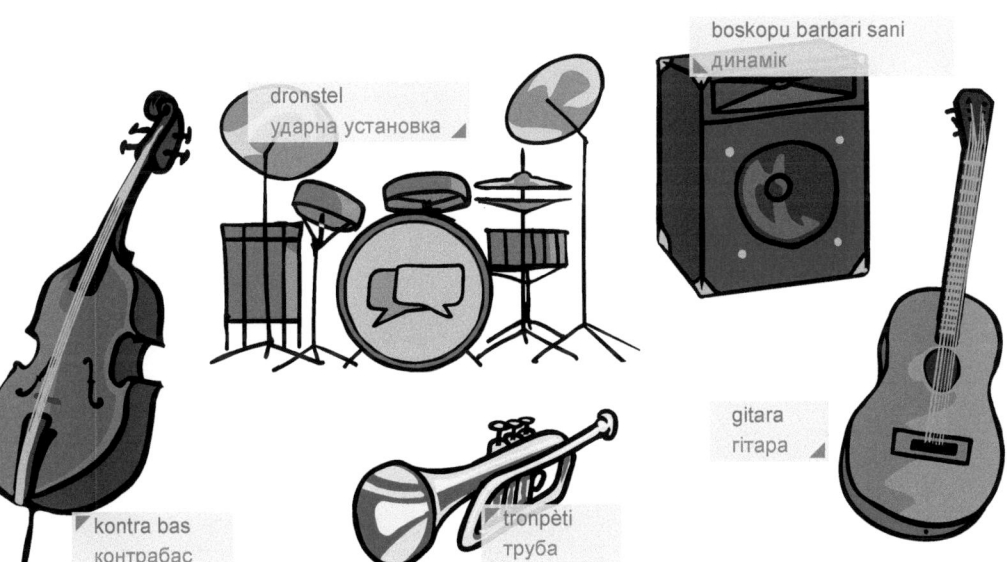

dronstel
ударна установка

boskopu barbari sani
динамік

gitara
гітара

kontra bas
контрабас

tronpèti
труба

piano	finyoro	bas
фортепіано	скрипка	бас

pauk	dron	keyboard
литаври	барабан	клавіатура

saxofon	froiti	mikrofon
саксофон	флейта	мікрофон

meti dyari
зоопарк

tigri — тигр
pen — клітка
sabanaburiki — зебра
mofodoro — вхід
meti nyan — корм
panda — панда

meti
тварини

asaw
слон

kangeru
кенгуру

neushoorn
носоріг

gorilla
горила

beer
ведмідь

kameri

верблюд

stroisifowru

страус

lew

лев

monki

мавпа

korikori

фламінго

popokai

папуга

ijsbeer

білий ведмідь

pinguïn

пінгвін

sarki

акула

prodokaka

павич

sneki

змія

kaiman

крокодил

sma san e sorgu meti

працівник зоопарку

sedagu

тюлень

penitigri

ягуар

pikin asi
поні

penitigri
леопард

watrabofru
гіпопотам

giraf
жираф

aka
орел

werder agu
кабан

fisi
риба

sekrepatu
черепаха

walrus
морж

sabanadagu
лисиця

dia
газель

meti dyari - зоопарк

sport
спорт

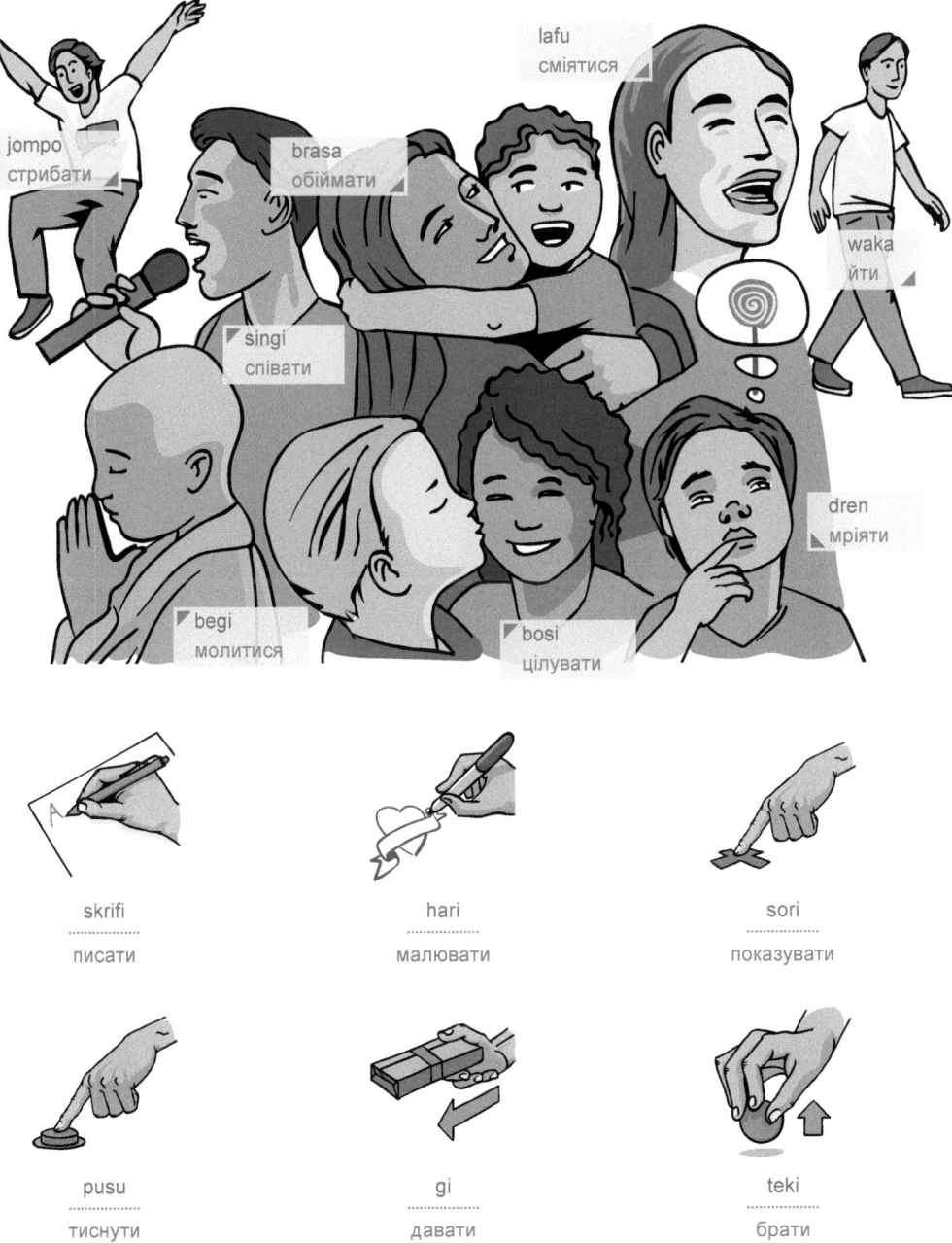

abi
мати

dati
робити

de
бути

tnapu
стояти

lon
бігати

hari
тягнути

trowe
кидати

fadon
падати

lei
лежати

wakti
очікувати

tyari
носити

sidon
сидіти

weri
одягати

sribi
спати

wiki
просипатися

aktifiteit - дії

luku
дивитися

krei
плакати

korikori
гладити

kan
розчісувати

taki
розмовляти

ferstan
розуміти

aksi
питати

arki
слухати

dringi
пити

nyanyan
їсти

krin
прибирати

lobi
любити

bori
варити

rei
їхати

frei
літати

aktifiteit - дії

seiri
йти під вітрилом

teri
рахувати

lesi
читати

leri
вчитися

wroko
працювати

trow
одружуватися

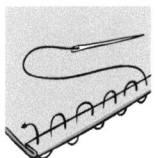
nai
шити

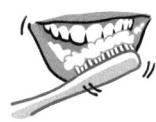
krintifi
чистити зуби

kiri
убивати

smoko
курити

seni
посилати

aktifiteit - дії

famiri
сім'я

granmama
бабуся

granpapa
дідуся

papa
батько

mama
мати

beibi
немовля

umapikin
донька

manpikin
син

fisiti

гість

tanta

тітка

omu

дядько

brada

брат

sisa

сестра

skin
тіло

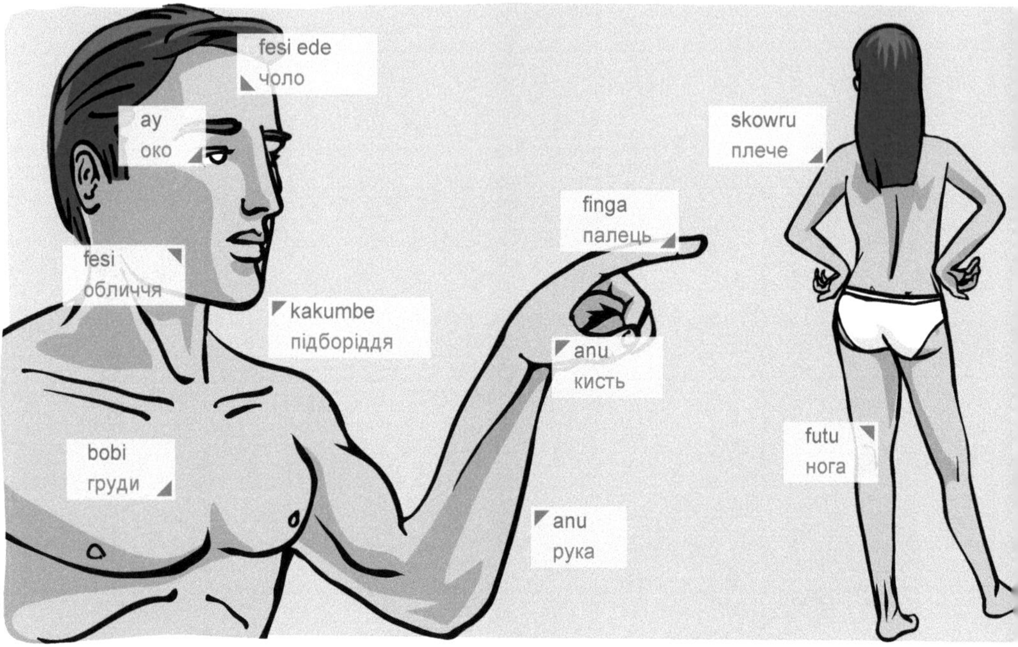

fesi ede — чоло
ay — око
fesi — обличчя
kakumbe — підборіддя
bobi — груди
skowru — плече
finga — палець
anu — кисть
anu — рука
futu — нога

beibi
немовля

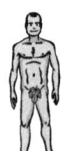
man
чоловік

uma
жінка

uma pikin
дівчина

boi
хлопчик

ede
голова

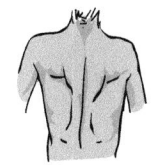

baka

спина

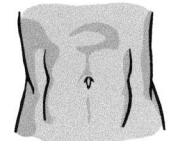

bere

живіт

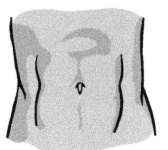

kumba

пуп

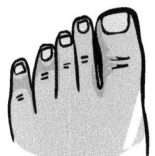

futufinga

палець ноги

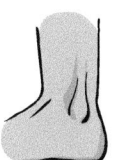

bakafutu

п'ята

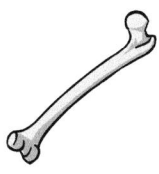

bonyo

кістка

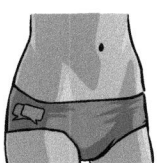

djonku

стегно

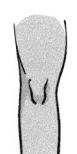

kindi

коліно

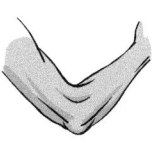

baka anu

лікоть

noso

ніс

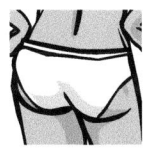

bakasei

сідниці

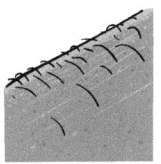

skin

шкіра

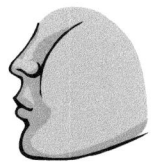

seifesi

щока

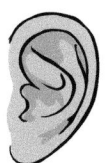

yesi

вухо

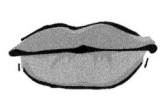

mofobuba

губа

skin - тіло

mofo
рот

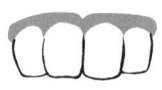
tifi
зуб

tongo
язик

ede tonton
мозок

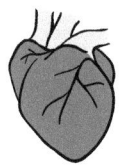
ati
серце

titei
м'яз

fokofoko
легені

lefre
печінка

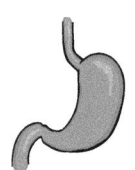
bere
шлунок

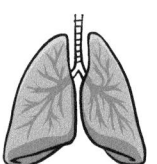
niri
нирки

freiri
статевий акт

pipikowsu
презерватив

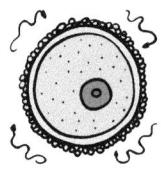
eksi
яйцеклітина

siri
сперма

bere
вагітність

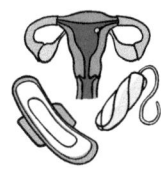

munsiki
менструація

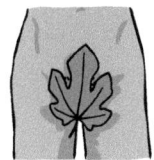

umapresi
вагіна

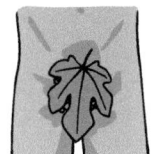

toli
пеніс

atapu-ay-wiwiri
брова

wiwiri
волосся

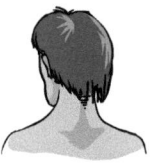

neki
шия

skin - тіло

ati oso
лікарня

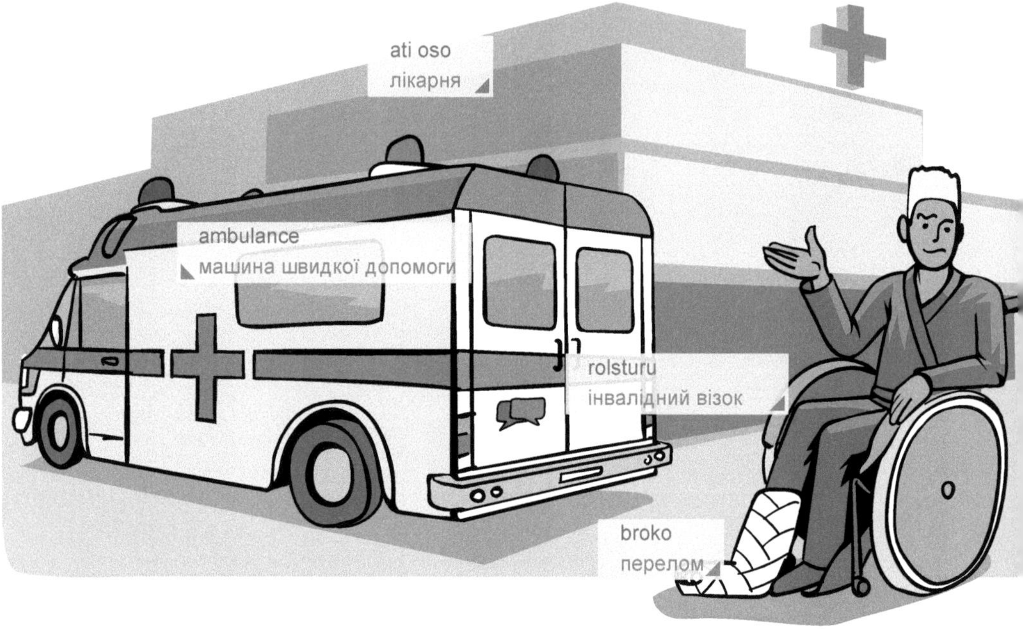

ati oso
лікарня

ambulance
машина швидкої допомоги

rolsturu
інвалідний візок

broko
перелом

datra

лікар

EHBO

відділення швидкої
медичної допомоги

suster

медсестра

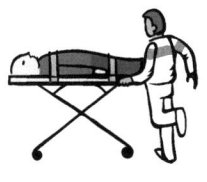

nowtu

аварійний випадок

flaw

непритомний

pen

біль

soro
травма

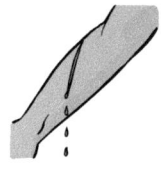

brudu
кровотеча

ati siki
інфаркт

bururtu
інсульт

trefu
алергія

koso
кашель

kortsu
лихоманка

griep
грип

lusu bere
пронос

ede-ati
головна біль

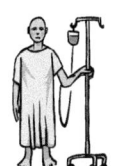

takrusiki
рак

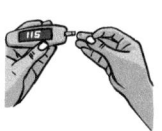

sukru
діабет

chirurg
хірург

skalpel
скальпель

operâsi
операція

ati oso - лікарня

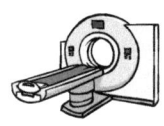
CT
КТ

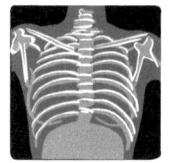
röntgen
рентген

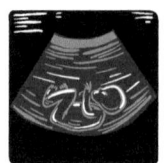
echo
ультразвук

fesi maskradu
маска

siki
хвороба

wakti kamra
зал очікування

kroku
милиця

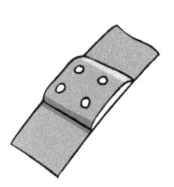
duku
пластир

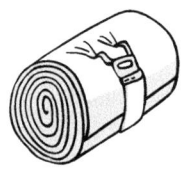
duku
пов'язка

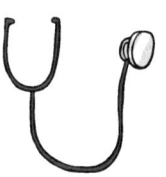
spoiti
ін'єкція

stethoskoop
стетоскоп

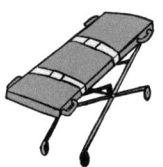
brandkard
ноші

temperatuur marki
термометр

gebore
народження

fatu
надмірна вага

ati oso - лікарня

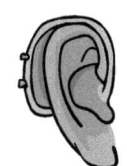
masyin fu yere
слуховий апарат

sani fu krin
дезінфікуючий засіб

dyomposiki
інфекція

firus
вірус

HIV / AIDS
ВІЛ / СНІД

dresi
медицина

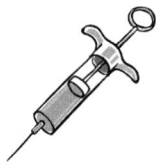
faksinasi
вакцинація

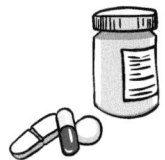
perki
таблетки

perki
протизаплідна пігулка

nowtu nomru
екстрений виклик

brudu marki
тонометр

siki / gesontu
хворий / здоровий

ati oso - лікарня

nowtu
аварійний випадок

Yep!
Допоможіть!

warskow
сигнал тривоги

feti
напад

feti
атака

ogri
небезпека

a nowtu doro
аварійний вихід

Faya!
Вогонь!

fayakiri sani
вогнегасник

mankeri
аварія

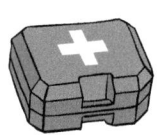

EHBO-kofru
аптечка

SOS
СОС

skowtu
поліція

grontapu
Земля

Bakrakondre

Європа

Opo-Amerkan

Північна Америка

Suid-Amerkan

Південна Америка

Afrika

Африка

Asi

Азія

Australia

Австралія

Atlantis Se

Атлантика

Tan tiri Se

Тихий океан

Indisch Se

Індійський океан

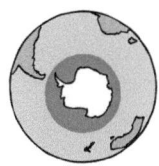

Suidsei Se

Антарктичний океан

Noordsei Se

Північний Льодовитий океан

Noordsei

Північний полюс

Suidsei
Південний полюс

Antartika
Антарктика

grontapu
Земля

kondre
суша

se
море

eilanti
острів

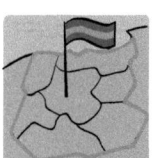
nâsi
нація

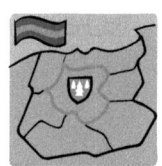
lanti
держава

oloisi
годинник

oloisi fesi
циферблат

yuru sori
годинникова стрілка

miniti sori
хвилинна стрілка

sekonde sori
секундна стрілка

O lati a de?
Котра година?

dey
день

ten
час

now
зараз

oloisi
цифровий годинник

miniti
хвилина

yuru
година

wiki
тиждень

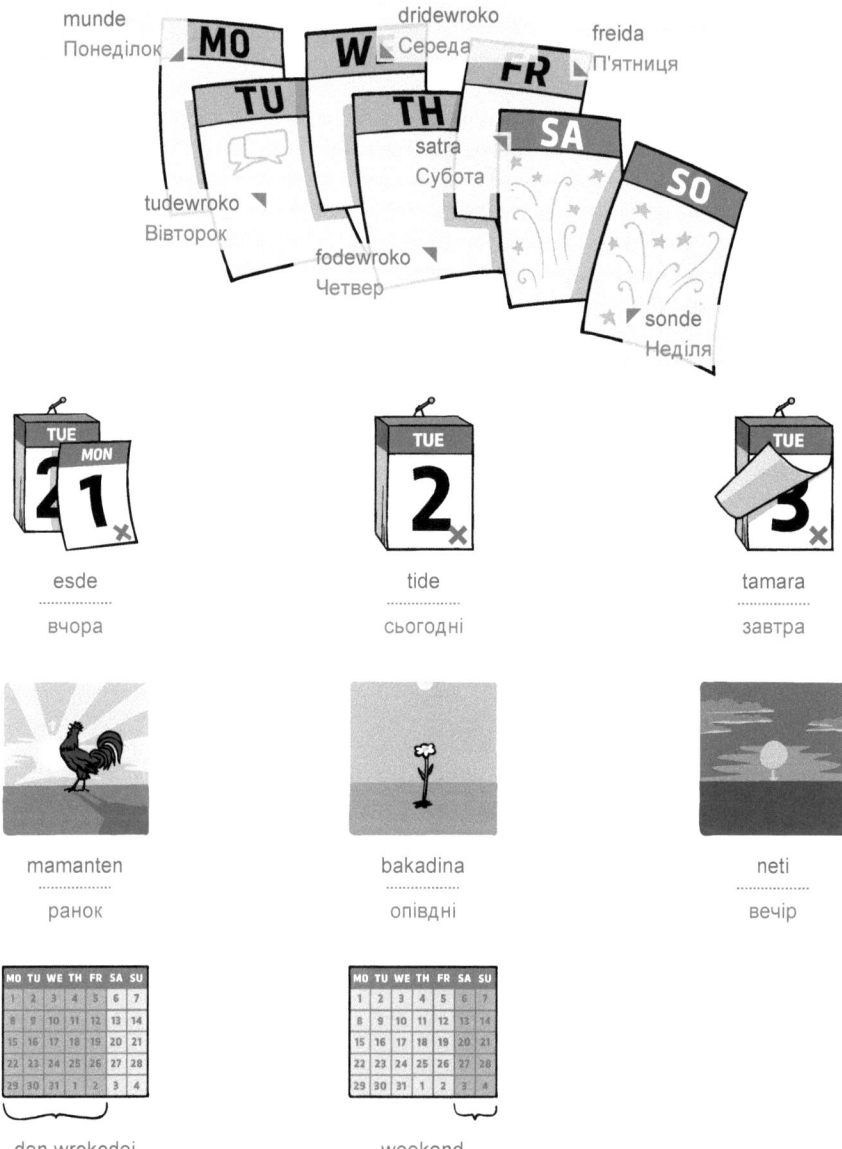

munde — Понеділок
tudewroko — Вівторок
dridewroko — Середа
fodewroko — Четвер
freida — П'ятниця
satra — Субота
sonde — Неділя

esde — вчора
tide — сьогодні
tamara — завтра

mamanten — ранок
bakadina — опівдні
neti — вечір

den wrokodei — робочі дні
weekend — кінець робочого тижня

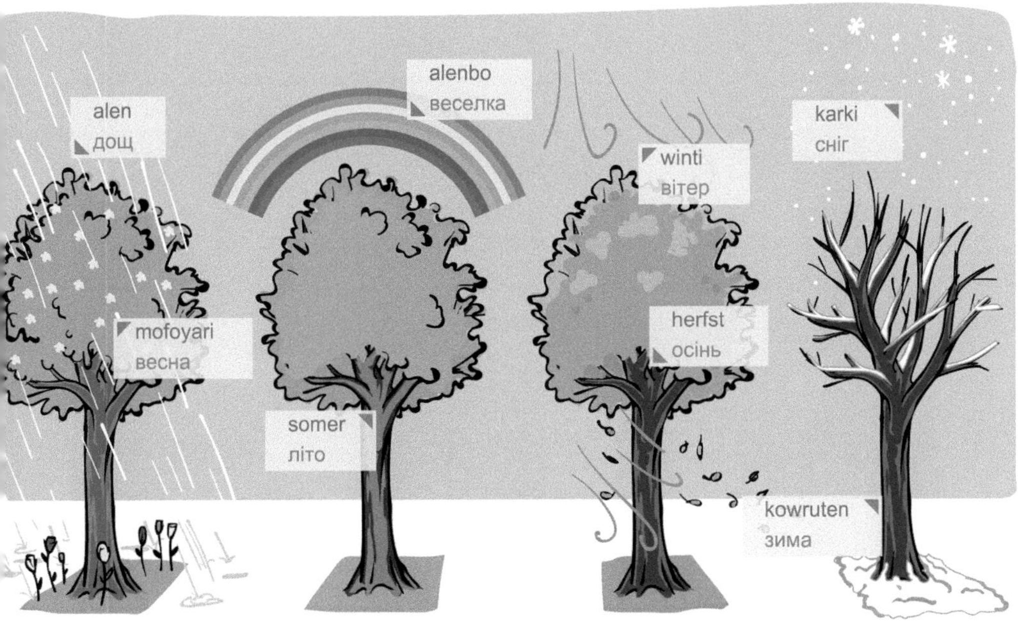

yari
рік

- alen / дощ
- alenbo / веселка
- winti / вітер
- karki / сніг
- mofoyari / весна
- somer / літо
- herfst / осінь
- kowruten / зима

taki fu a weer

прогноз погоди

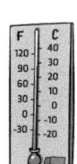

thermometer

термометр

skèin fu a son

сонячне світло

wolku

хмара

dow

туман

loktu foktu

вологість повітря

faya

блискавка

dondru

грім

sekiwatra

шторм

agra

град

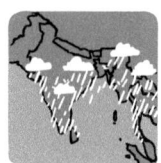

bigi skwala

мусон

frudu

повінь

èisi

лід

januari

Січень

februari

Лютий

maart

Березень

april

Квітень

mei

Травень

juni

Червень

juli

Липень

augustus

Серпень

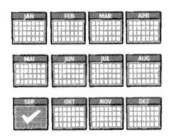

september
....
Вересень

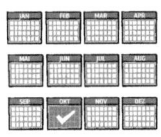

oktober
....
Жовтень

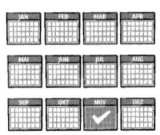

nofember
....
Листопад

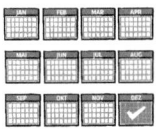

december
....
Грудень

form
форми

lontu
....
круг

fokanti
....
квадрат

fokanti naga langa sei
....
прямокутник

dri-uku
....
трикутник

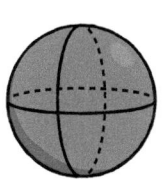

lontu
....
куля

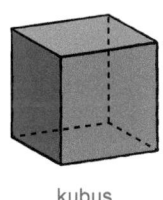

kubus
....
куб

kloru
фарби

witi

білий

geri

жовтий

alanya

помаранчевий

ròs

рожевий

redi

червоний

lila

фіолетовий

blaw

синій

grun

зелений

broin

коричневий

grei

сірий

blaka

чорний

difrenti
протилежності

tumsi / wanwan
багато / мало

atibron / tiri
лютий / мирний

moi / takru
гарний / бридкий

begin / kba
початок / кінець

bigi / ptyin
великий / малий

lekti / dungru
світлий / темний

brada / sisa
брат / сестра

krin / doti
чистий / брудний

krinkrin / no bun nofo
завершений / незавершений

dei / neti
день / ніч

dede / libi
мертвий / живий

bradi / smara
широкий / вузький

kan nyan / no kan nyan

їстівний / неїстівний

takru / bun

злий / дружній

prisiri / ferferi

збуджений / нудьгуючий

fatu / fini

товстий / тонкий

fosi / lasti

спочатку / востаннє

mati / feyanti

друг / ворог

furu / leigi

повний / порожній

tranga / safu

жорсткий / м'який

hebi / lekti

важкий / легкий

angri / dreineki

голод / спрага

siki / gesontu

хворий / здоровий

no gi pasi / tru

незаконний / законний

koni / don

розумний / дурний

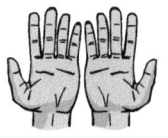

kruktu / leti

вліво / вправо

gi / fara

поруч / далеко

difrenti - протилежності

nyun / owru

новий / використаний

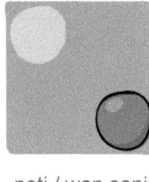

noti / wan sani

нічого / щось

owru / jongu

старий / молодий

leti / tapu

вкл / викл

opo / tapu

відкрито / закрито

safu / tranga

тихо / гучно

gudu / poti

багатий / бідний

bun / fowtu

правильно / неправильно

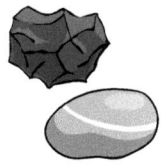

grofu / grati

шорсткий / гладкий

sari / breiti

сумний / щасливий

shatu / langa

короткий / довгий

loli / esi-esi

повільно / швидко

nati / drei

вологий / сухий

warang / kowru

гарячий / холодний

feti / freide

війна / мир

difrenti - протилежності

nomru
числа

0 noti — нуль

1 wan — один

2 tu — два

3 dri — три

4 fo — чотири

5 feifi — п'ять

6 siksi — шість

7 seibi — сім

8 aiti — вісім

9 neigi — дев'ять

10 tin — десять

11 erfu — одинадцять

12
twarfu
дванадцять

13
tin-na-dri
тринадцять

14
tin-na-fo
чотирнадцять

15
tin-na-feifi
п'ятнадцять

16
tin-na-siksi
шістнадцять

17
tin-na-seibi
сімнадцять

18
tin-na-aiti
вісімнадцять

19
tin-na-neigi
дев'ятнадцять

20
twenti
двадцять

100
hondru
сто

1.000
dusun
тисяча

1.000.000
milyun
мільйон

nomru - числа

den tongo

мови

Ingristongo
англійська

Amerkan Ingristongo
американська англійська

Sneisi Mandarijntongo
китайська високочиновницька

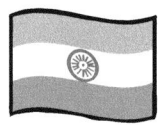
Hinditongo
хінді

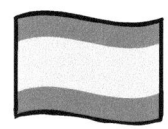
Spanyoro
іспанська

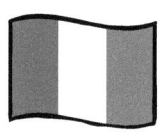
Frans
французька

Arabiatongo
арабська

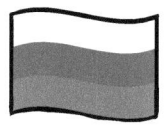
Rusitongo
російська

Potogisi
португальська

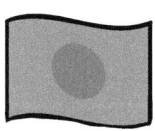
Bengalitongo
бенгальська

Doisritongo
німецька

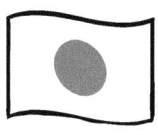
Japantongo
японська

suma / sang / fa
хто / що / як

mi
я

yu
ти

en / en / en
він / вона / воно

unu
ми

yu
ви

den
вони

suma?
хто?

san?
що?

fa?
як?

pe?
де?

oten?
коли?

nen
ім'я

pe
де

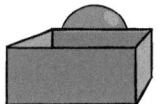

baka

ззаду

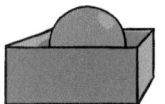

ini

в

fesi

перед

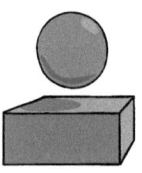

abra

над

tapu

на

ondro

під

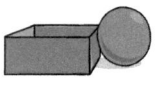

na sei

біля

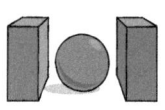

mindri

між

presi

місце